BEI GRIN MACHT SICH IHR WISSEN BEZAHLT

- Wir veröffentlichen Ihre Hausarbeit,
  Bachelor- und Masterarbeit

- Ihr eigenes eBook und Buch -
  weltweit in allen wichtigen Shops

- Verdienen Sie an jedem Verkauf

Jetzt bei www.GRIN.com hochladen und kostenlos publizieren

Marketing Strategien. Preisbildung, Strategische Analysemethoden und Corporate Identity

Digitalisierung in der Fitness- und Gesundheitsbranche

Isabella Jülch

Bibliografische Information der Deutschen Nationalbibliothek:

Die Deutsche Nationalbibliothek verzeichnet diese Publikation in der Deutschen Nationalbibliografie; detaillierte bibliografische Daten sind im Internet über http://dnb.d-nb.de abrufbar.

ISBN: 9783346328298
Dieses Buch ist auch als E-Book erhältlich.

© GRIN Publishing GmbH
Nymphenburger Straße 86
80636 München

Druck und Bindung: Books on Demand GmbH, Norderstedt Germany
Gedruckt auf säurefreiem Papier aus verantwortungsvollen Quellen

Das vorliegende Werk wurde sorgfältig erarbeitet. Dennoch übernehmen Autoren und Verlag für die Richtigkeit von Angaben, Hinweisen, Links und Ratschlägen sowie eventuelle Druckfehler keine Haftung.

Das Buch bei GRIN: https://www.grin.com/document/976318

Deutsche Hochschule für
Prävention und Gesundheitsmanagement

Einsendeaufgabe

Fachmodul:	Marketing 2
Studiengang:	Fitnessökonomie
Datum Präsenzphase:	22.01.2018-25.01.2018
Name, Vorname:	Jülch, Isabella
Studienort:	**Frankfurt am Main**
Semester:	**Wintersemester**

Inhaltsverzeichnis

1 Preismanagement und Kooperationen

1.1 Preiselastizität der Nachfrage

$$(\varepsilon) = \frac{\text{Änderung der Menge in \%}}{\text{Änderung des Preises in \%}}$$

Änderung der Menge in %: $p = 100 - \frac{2.400 \times 100}{2.700} = 11{,}11\,\%$

Änderung des Preises in %: $p = \frac{45{,}90\,€ \times 100}{40{,}90\,€} = 12{,}22\,\%$

$(\varepsilon) = \frac{11{,}11\,\%}{12{,}22\,\%} = 0{,}91$

Da $\varepsilon < |1|$ handelt es sich um eine unelastische Nachfrage und „eine 1-prozentige Preis-änderung hat eine weniger als 1-prozentige Mengenänderung zur Folge" (Plünnecke & Schlaffke, 2017, S. 163). Je unelastischer die Nachfrage auf eine Preisbildung reagiert, desto mehr lohnt es sich als Anbieter, seine Produkte bzw. Dienstleistungen zu hohen Preisen anzubieten. Da die Nachfrage nahezu isoelastisch ist, wirkt sich eine Preiserhö-hung nahezu proportional auf den Rückgang der Menge aus. Deshalb ist es sinnvoll, mit den psychologischen Wirkungen von Preisen zu arbeiten wie z. B. 39,99 €.

Ebenso ist kritisch anzumerken, dass eine Preiserhöhung den gewünschten wirtschaftli-chen Erfolg bringt, da sich mit zunehmender Mitgliedszahl auch Weiterempfehlung und Marktvolumen erhöhen.

1.2 Preisbildung

1.2.1 Anlässe der Preisbildung

Anlässe, die es zur Preisbildung gibt, sind sowohl die Markterschließung als auch die Marktdurchdringung. Es werden weitere Anlagen auf dem deutschen Fitness- und Ge-sundheitsmarkt etabliert, die sich nun über das süd-westliche Bundesgebiet hinaus erstre-cken. Damit tritt das Unternehmen in bisher für es unbekannte Märkte ein, was der Markterschließung entspricht. Gleichzeitig werden in bisherigen Märkten weitere Anla-gen eröffnet, um das eigene Marktvolumen zu erhöhen, was der Marktdurchdringung zu-zuordnen ist.

Nach der Ansoff-Matrix werden hier also folgende zwei Produkt- und Leistungsstrategien angewendet: die Marktentwicklung und die Marktdurchdringung. Die X&Y Health GmbH möchte sowohl neue Märkte erschließen als auch bisherige Märkte stärker durchdringen. Die Dienstleistungen, die bisher in anderen Anlagen Anwendung finden, bleiben bestehen. Mit der Markterschließung geht die Bearbeitung neuer geografischer Märkte, die Erschließung neuer Marktsegmente, die Nutzung neuer Distributionskanäle und die Erschließung neuer Abnehmergruppen einher (Plünnecke & Schlaffke, 2017, S. 49). Die Marktdurchdringung sieht die Steigerung der Mitgliedszahlen, die Gewinnung von Kunden der Konkurrenz und die Verstärkung der Werbung und der Kommunikation vor (Plünnecke & Schlaffke, 2017, S. 49).

1.2.2 Kostenorientierte Preisbildung

Fixkosten: 650.000 €/Jahr = 54.166,67 €/Monat
Variable Kosten: 8,50 € pro Person/Monat
Absatz: 2.800 Mitglieder

Stückkosten = variable Kosten + fixe Kosten ÷ Absatzmenge
$\qquad$ = 8,50 € + 54.166,67 € ÷2.800
$\qquad$ = 27,85 € (netto)
Gewinnzuschlag = 27,85 € × 0,15 = 4,18 €
Preis mit Gewinnzuschlag: 27,85 € + 4,18 € = 32,03 €
Mitgliedsbeitrag pro Monat (brutto) = 32,03 € × 1,19 = 38,12 €

1.2.3 Konkurrenzorientierte Preisbildung

Konkurrenzorientierten Preisbildung meint die Ausrichtung der Preise an denen der Konkurrenz, unabhängig von der unternehmensindividuellen Kosten- oder Nachfragesituation. Nach dieser Preisbildung liegt es im Fokus auf den niedrigeren Preis des Konkurrenten einzugehen. Man hat nun zwei Möglichkeiten. Zum einen kann man den Preis nun noch niedriger legen als den des Konkurrenten, um so die Preisführerschaft wiederzuerlangen. Zum anderen kann der geplante Preis beibehalten und realisiert werden, obwohl er deutlich über dem des Konkurrenten liegt. Da es sich bei der X&Y Health GmbH um eine Kette mit mehreren Anlagen handelt, hat sich diese bereits einen Namen gemacht. Mit dem über dem des Konkurrenten liegenden Preis verdeutlicht das Unternehmen seine Qualität, nämlich seine hohe Service- und Dienstleistungsorientierung. Jetzt ist wichtig, sich auch mit dieser Qualität in den Köpfen der Menschen zu positionieren. Denn es gilt: „Ein höherer Preis wird bezahlt, wenn das Produkt Qualität und Prestige verspricht" (Plünnecke & Schlaffke, 2017, S. 162). Hier wird nun statt der Preisführerschaft die Qualitätsführerschaft angestrebt.

2 Strategische Analysemethoden

2.1 Five-Forces-Modell

Nach Porter wirken fünf Wettbewerbskräfte auf die Rentabilität und damit auf die Marktattraktivität eines Unternehmens und somit auch auf das Unternehmen Freeletics ein: potenzielle Mitbewerber, die Kunden, die Zulieferer, die Ersatzprodukte und die aktuellen Mitbewerber (Porter, 2000, S. 29; zitiert nach Plünnecke & Schlaffke, 2017, S. 17). Fitness-Apps sind im Trend. Die Fitness-App-Branche wächst, wodurch Freeletics mit vielen potenziellen Mitbewerbern bzw. mit einer hohen Rivalität rechnen muss. So gibt es beispielsweise Fitness-Apps für Ausdauersportler wie die Nike-Run-Club-App, Fitness-Apps als Ernährungsberater wie Myfitnesspal und Apps als Personal Trainer wie die App Strong, mit der man Tagebuch über sein Krafttraining führen kann. Bei dieser Fülle an Angeboten ist es für Freeletics schwierig, sich gerade mit seiner App in den Köpfen der Kunden zu positionieren. Die aktuelle Rivalität auf dem Markt ist groß. So ist ein direkter Wettbewerber die App Runtastic Results, die ebenfalls auf Übungen mit dem eigenen Körpergewicht setzt.

Die Bedrohung durch Ersatzprodukte ist für Freeletics gering, da es im Grunde nur zwei Ersatzprodukte gibt: die Mitgliedschaft im Fitnessstudio und Fitness-DVDs. Da das Unternehmen selbst eine landesweit agierende Fitnesskette darstellt, ist die Mitgliedschaft kein direktes Substitutionsgut, das dem Unternehmen schaden könnte, sondern die Kombination aus Studio und App soll ihre Marktposition stärken und ausbauen. DVDs stellen im Grunde die Vorläuferversion der Apps dar. Die wenigsten besitzen überhaupt noch einen DVD-Player geschweige denn DVDs. Durch die Digitalisierung der Fitnessbranche rücken Apps immer mehr in den Fokus der Menschen, wodurch die Gefahr neuer potenzieller Mitbewerber groß ist. Außerdem sind die Markteintrittsbarrieren relativ gering. Die Wettbewerbskraft Kunden setzt sich aus der Verhandlungsmacht und der Preisempfindlichkeit zusammen. Bei der Preisempfindlichkeit geht es darum, wie die Kunden die verschiedenen Apps einordnen, also die Produktunterschiede empfinden, in dem sie Leistung und Preis vergleichen. Das Abnehmervolumen in der Fitnessbranche ist relativ groß. Bis auf wenige Ausnahmen besitzt jeder Mensch ein internetfähiges Handy, mit dem Apps heruntergeladen werden können. Auch das Thema Fitness bzw. Gesundheit und Abnehmen gerät immer mehr in den Fokus. Zudem ist die Hürde, eine App herunterzuladen, nicht so groß wie in ein Fitnessstudio zu gehen und eine Mitgliedschaft abzuschließen. Dies bedeutet jedoch gleichzeitig eine hohe Wechselbereitschaft seitens der Kunden. Die fünfte Wettbewerbskraft stellen die Zulieferer dar. Hier geht es unter anderem darum, in welchen Mengengrößen ein Unternehmen einkauft. Je größer die Menge, desto günstiger die Konditionen. Bei Freeletics als internationales Unternehmen handelt es sich zum einen um große Auftragsvolumen und zum anderen hat sich das Unternehmen einen gewissen Ruf erarbeitet. Dementsprechend ist die Verhandlungsstärke gegenüber Programmierern und Softwareentwicklern groß.

2.2 Durchführung einer SWOT-Analyse

Die Ressourcenanalyse besteht aus den Stärken und Schwächen des Unternehmens, in diesem Fall des Unternehmens Freeletics.

Eine große Stärke Freeletics ist, dass es sich um ein Training mit dem eigenen Körpergewicht handelt. Man benötigt also keinerlei Trainingsgeräte und kann damit sein Workout überall und jederzeit durchführen. „Der Name gibt mit den Wortbestandteilen ‚fee' und ‚leetics' Hinweise auf die gerätefreie Ausübung" (Zeitel-Bank & Bösl, 2016, S. 4). Mithilfe eines für einen im Vergleich zu einem realen Personal Trainer günstigen Coach bekommt man einen auf seinen individuellen Leistungsstand abgestimmten Trainingsplan zusammengestellt. Der sogenannte Freeletics Ernährungsguide sorgt dann noch zusätzlich mit Informationen und Rezepten für eine ausgewogene Ernährung (Zeitel-Bank & Bösl, 2016, S. 5). Über die App kann man sich zusätzlich mit Freunden vernetzen und seine sportlichen Erfolge untereinander austauschen. So „wird viel Wert darauf gelegt, dass Erlebte oder Vollbrachte mit FreundInnen oder zumindest der Internetcommunity zu teilen" (Zeitel-Bank & Bösl, 2016, S. 4).

Eine Schwäche der App ist, dass sie viele haben, aber wenige richtig nutzen. Dies führt zu Enttäuschungen, wenn man sein Ziel nicht erreicht, weil gerade die App Freeletics viel Erfolg verspricht und bisherige erfolgreiche Teilnehmer in den Fokus legt. So zeigen Athleten in Transformationsvideos ihre Entwicklung von untrainiert zu trainiert, was zum Nachahmen anregen soll (Zeitel-Bank & Bösl, 2016, S. 4). Darüber hinaus verlangt die App komplexe Übungen wie Burpees und Push Ups, die gerade für Anfänger zu anspruchsvoll sind und schnell demotivierend wirken. Außerdem ist die App sehr auf Schnelligkeit ausgerichtet und vernachlässigt dabei die richtige Trainingsausführung. Man muss in sehr kurzer Zeit viele Wiederholungen absolvieren, sodass die Trainingsausführung darunter leidet, was Schmerzen und körperliche Schäden hervorrufen kann. So steht die App für „hochintensive Workouts" (Zeitel-Bank & Bösl, 2016, S. 4), doch ob das gerade für Anfänger sinnvoll ist, ist fraglich.

Die Analyse der Unternehmensumwelt setzt sich aus den Chancen und Risiken des derzeitigen Fitnessmarkts zusammen.

Die Chancen im Markt sind zum Beispiel der aktuelle Fitnesstrend. Gesundheitsbewusstsein und Fitness rücken immer mehr in den Fokus der Menschen. Der Fitnessmarkt wächst stetig. Im Zeitalter der Digitalisierung besitzt nahezu jeder ein Handy und es können sehr viele Menschen mit wenig Aufwand angesprochen werden, was für eine schnelle und großflächige Marktbearbeitung mit geringen Marketingkosten spricht. Eine weitere Chance ist, dass Apps und besonders Fitnessapps gerade in Mode sind und als „in" gelten. So hält Gratzke (2015) fest: „Das steigende Bewusstsein für Fitness und Gesundheit lässt die Entwicklung boomen" (S. 3).

Risiken, von denen der Markt jedoch betroffen ist, sind der Datenschutz und die fehlenden Qualitäts- und Sicherheitsstandards. Es gibt eine Fülle von Apps und bei jeder gibt man sämtliche private Informationen unbewusst Preis. Meist verstecken sich dann noch versteckte Kosten dahinter. So hält Hansen (2015, S.435-439) fest, dass aufgrund der Ausbreitung der mobilen Datenverarbeitungsgeräten Herausforderungen an den Datenschutz resultieren. Ein weiteres Risiko ist das Marktsegment, welches durch Fitnessapps besonders angesprochen wird: die junge Generation. Gerade die jungen Menschen sind sehr kurzweilig und sprunghaft. Insbesondere bei Apps benötigt man aber viel mehr Motivation und Willenskraft im Gegensatz zum Fitnessstudio, um die Übungen alleine zu absolvieren. Man hat keinen Trainer, der einen erwartet und motiviert. So zeigte eine

Studie von Krömer und Zwillich (2014; zitiert nach Gratzke, 2015, S. 7-8), dass viel Eigenmotivation vorhanden sein muss, um solche Apps überhaupt zu verwenden.

2.3 Erstellung einer SWOT-Matrix

Tab. 1: SWOT-Matrix (eigene Darstellung)

	Chancen 1. zunehmendes Gesundheits-bewusstsein und Fitnesstrend 2. schnelle, großflächige Marktbearbeitung (geringe Marketing-kosten) 3. Fitnessapps sind in Mode	Risiken 1. fehlender Datenschutz 2. mangelnde Qualitäts- und Sicherheitsstandards (versteckte Kosten etc.) 3. junge Generation ist kurzweilig, sprunghaft (Motivationsproblem)
Stärken 1. keine Trainingsgeräte 2. kostengünstiger virtuelle Trainings- und Ernährungscoach 3. Vernetzung mit Freunden	S-O-Strategien: 2. und 2.: gezieltes Marketing, um Vorteile der Coachs zu bewerben 3. und 1./3.: Angebotsstrategie: mit jedem vernetzten Freund bekommt man eine zusätzliche Leistung gratis (z. B. mehr kostenlose Übungen freigeschaltet)	S-T-Strategien: 1./2. und 3.: Coachs gegen mangelnde Motivation, überall und jederzeit durchführbar 3. und 1.: Durch Vernetzung mit Freunden, werden auch nur diese über die Leistungen informiert (Selbstentscheidung wer Freund ist und wer nicht)
Schwächen 1. versprochener Erfolg tritt nicht ein (mit Vorbildern werben - ergebnisorientiert) 2. komplexe (zu anspruchsvolle) Übungen 3. Trainingsausführung leidet durch Zeitdruck	W-O-Strategien: 1. und 1.: Gesundheitsbewusstsein nutzen und nicht Ergebnis sondern den Weg zum Ergebnis fokussieren 2. und 2.: zunehmende Spezialisierung (Anfänger oder Fortgeschrittene – 2 Varianten?)	W-T-Strategien: 1. und 3.: Erinnerungsnachrichten aufs Handy 2./3. und 2.: Qualitätsstandards für die eigene App umsetzen (mögliche Kosten hervorheben, virtuelle Coachs machen Fitnesstest)

Die Stärken des Unternehmens treffen auf Chancen des Marktes. So sollte das Unternehmen die Chance des Marktes, nämlich die schnelle und großflächige Marktbearbeitung nutzen, um gezielt seine kostengünstigen virtuellen Trainings- und Ernährungscoachs zu bewerben, denn über das Internet bzw. über soziale Medien können mit wenig Aufwand sehr viele Menschen erreicht werden. Darüber hinaus sollte die Vernetzung mit Freunden über die App genutzt werden, um den zunehmenden Fitness- und Gesundheitstrend bzw. die Modeerscheinung der Apps auszunutzen. So könnte man folgende Angebotsstrategie

8

anwenden: Mit jedem vernetzten Freund bekommt man eine zusätzliche Leistung in der App kostenlos freigeschaltet wie zum Beispiel eine Vielzahl neuer Übungen.

Die Schwächen des Unternehmens sollen abgebaut werden, um die Chancen des Marktes zu nutzen. So sollte das zunehmende Gesundheitsbewusstsein der Gesellschaft dazu genutzt werden, den Nutzern den Weg zum Erfolg deutlich zu machen. Die App wirbt mit Erfolgsgeschichten von bisherigen Teilnehmern und baut so bestimmte Erwartungen auf, was oftmals zu Enttäuschungen führt. Sinnvoller ist es, den Weg zum Erfolg und nicht den Erfolg selbst zu thematisieren. Die Menschen interessieren sich immer mehr für Gesundheit und leben bewusster, weshalb sie in der Lage sind, nachzuvollziehen, wie hart der Weg zum Ziel ist. Die Willensstärke und die Mittel zum Ziel wie gesunde Ernährung und hartes Training sollten genauso im Fokus liegen wie die sensationellen Erfolgsgeschichten. Eine weitere Schwäche der App sind die meist zu anspruchsvollen Übungen. Hier ist es sinnvoll, die App zu spezialisieren bzw. zwei Varianten anzubieten, eine für Anfänger und eine für Fortgeschritten. Durch die Möglichkeit der schnellen großflächigen Marktbearbeitung können diese beiden Varianten auch ebenso schnell vermarktet werden, indem gezielt für jede Variante die entsprechende Zielgruppe angesprochen wird.

Die Stärken des Unternehmens sollen dazu genutzt werden, Risiken des Marktes abzuwenden. So ist ein Risiko die Sprunghaftigkeit bzw. das kurzfristige, ständig wechselnde Interesse der jungen Generation, die gezielt durch solche Apps angesprochen werden. Dies sollte über eine enge Betreuung der virtuellen Coachs und die Möglichkeit, das Workout jederzeit und überall durchzuführen, gemindert werden. Mit der zunehmenden Digitalisierung tritt auch das Problem des Datenschutzes auf. Private Daten, die im Netz landen, sind sehr schwer wieder herauszubekommen. Über die Vernetzung mit Freunden kann jeder Nutzer selbst bestimmen, wer Einsicht in seine Daten bekommt und wer nicht. Wenn Schwächen auf Risiken des Marktes treffen, müssen Verteidigungsstrategien entwickelt werden. Das fehlende Durchhaltevermögen der jungen Generation trifft auf die Enttäuschung nicht erreichter Ziele. Um ein schlechtes Image abzuwenden, wäre eine Strategie Erinnerungsnachrichten auf das Handy der Nutzer zu schicken. Diese könnten Erinnerungen an das regelmäßige Workout, Empfehlungen Wasser zu trinken oder Eiweiß zu essen sein. Ein weiteres Risiko des Marktes sind die mangelnden Qualitäts- und Sicherheitsstandards. Im Internet bzw. bei Apps muss man ständig mit versteckten Kosten und Ähnlichem rechnen. Die komplexen Übungen und der Zeitdruck sorgen hier zusätzlich für schlechte Qualität der Übungsausführungen. Dies sollte Freeletics beheben, indem bestimmte Qualitätsstandards aufgestellt werden. So sollten zum Beispiel zusätzliche Kosten deutlich hervorgehoben werden und über Fitnesstests die genaue Leistungsfähigkeit jedes Nutzers eingeschätzt werden, um jedem Nutzer das für ihn ideale Workout zu entwickeln. Hierbei kommen die Varianten Anfänger und Fortgeschrittene ebenfalls zu greifen, aber auch innerhalb der beiden Varianten sollte es Abstufungen geben.

2.4 BCG-Portfolio und Produktlebenszyklus

Bei Fitnessapps handelt es sich laut BCG-Portfolio um sogenannte Stars. Stars werden durch hohe Wachstumsraten und einen hohen Marktanteil gekennzeichnet (Plünnecke & Schlaffke, 2017, S. 28). Fitnessapps werden gerade aufgrund der zunehmenden Digitalisierung und des zunehmende Gesundheitsbewusstseins immer beliebter. Viele haben eine Fitnessapp, auch wenn sie sie nicht unbedingt nutzen. So formulierte Sulamith Ehrensperger (2017), dass die Nutzung von Gesundheits- und Fitness-Apps „innerhalb dieser drei Jahre um mehr als 330 Prozent gestiegen" ist. Bei Stars sind ebenfalls hohe Investitionen nötig, um den Marktanteil weiter zu steigern. So muss auch bei Apps viel in Programmierung und Software-Installierung investiert werden, um stets auf dem neusten technischen Stand zu sein.

Freeletics befindet sich somit aktuell in der Wachstumsphase. Diese wird durch folgende Merkmale gekennzeichnet: einen starken Anstieg von Absatzmenge und Umsatz, hohe künftige Einnahmeüberschüsse und zunehmende Konkurrenz auf dem Markt (Plünnecke & Schlaffke, 2017, S. 35). Bereits durchlaufene Phasen sind die Phase der Entwicklung und der Einführung. Die noch folgenden Phasen sind die Reifephase, die Sättigungsphase und statt des Marktaustrittes wird ein Relaunch erfolgen. Apps werden so schnell nicht aus dem Markt austreten, sondern es werden immer neuere technische Entwicklungen folgen, sodass immer neuere Varianten von Apps entwickelt werden. Somit unterscheidet sich Freeletics am Ende des Produktlebenszykluses vom idealtypischen Produktlebenszyklus.

2.5 Fazit

Aus den Ergebnissen der strategischen Analyse kann nun geschlussfolgert werden, dass der Fitnessapp-Markt hart umkämpft ist. Er weist eine hohe Rivalität auf, da die Eintrittsbarrieren relativ gering sind. So ist es aber auch für die besagte Fitnesskette keine unüberwindbare Aufgabe, in diesen Markt mit einer eigenen App einzutreten. Der Markt wächst, weshalb die Chancen auf Erfolg trotz hoher Rivalität hoch sind. Da die Fitnesskette besonders jüngere und technikaffine Kunden wirbt, würde eine auf das Unternehmen zugeschnittene App, die ebenfalls besonders jüngere Menschen anspricht, erfolgsversprechend sein und das Unternehmensangebot wie gewünscht attraktiver gestalten. Wichtig dabei ist, dass das Unternehmen investieren muss, denn gerade in der Wachstumsphase gilt die Investitionsstrategie. Es sind stetige technische Entwicklungen nötig, um immer auf dem neusten technischen Stand zu sein, um mit seinen Konkurrenten mithalten zu können. Dafür muss das Unternehmen investieren.

3 Corporate Identity

3.1 Interview-Analyse

3.1.1

Bei Kieser Training hat es eine Überarbeitung der Corporate Identity gegeben, was an einigen Anzeichen deutlich wird. Betroffen sind alle drei Bereiche der Corporate Identity: die Corporate Communication, das Corporate Behaviour und das Corporate Design. So sollte bei Kieser Training ein **Imagewechsel** erfolgen, da in den letzten Jahren der Eindruck entstanden ist, Kieser sei ein Training für Alte und Kranke. Der Fokus von Kieser Training lag zu sehr auf der Schmerzbeseitigung, was diesen Eindruck entstehen lies. Kieser sprach somit eine eingeschränkte Zielgruppe an. Um dies zu ändern, sollte eine **klare und neue Kommunikation** implementiert werden, das heißt, die Corporate Communication sollte überarbeitet werden. So entstand der **neue Leitsatz**: „Ja zu einem starken Körper" (Panzeri, 2014, S. 8-9). Im Fokus sollten nun der Körper und die Effizienz der Methode stehen. Auch eine **neue Marketingstrategie** wurde entwickelt. So wurde fortan mit Bildern mit Menschen in Alltags- oder Freizeitsituationen geworben. Dies sollte zeigen, dass Kieser nicht der Lebensinhalt, sondern die Basis für ein kraftvolles

Leben ist (Panzeri, 2014, S. 8-9). Als **neuer Marketingkanal** wurden zusätzlich die sozialen Medien eingesetzt. Mit diesem Imagewechse. sollten nun besonders Menschen zwischen 30 und 55 Jahren angesprochen werden.

Neben **der Vergrößerung der Zielgruppe** möchte Kieser Training **expandieren** und in weiteren Ländern Anlagen eröffnen. Laut Werner Kieser (Panzeri, 2014) möchte das Unternehmen jedoch „nicht einfach darauf los expandieren" (S. 8-9), sondern „lieber in die Entwicklung" (S.8-9) investieren. So wurden drei neue Maschinentypen entwickelt und das **Produktangebot** von Kieser Training somit **weiterentwickelt**. Dies entspricht dem Corporate Behaviour.

Auch das Corporate Designs bzw. die **Marke** sollte **visuell modernisiert** werden. So wurden die grauen und gelben Farben im Logo durch **blaue** Farbe ersetzt.

3.1.2

Allgemeine Gründe für eine neue Ausrichtung der Corporate Identity können sein:
- die fehlende Identifikation der Mitarbeiter mit dem Unternehmen
- Umsatzverluste
- fehlende Wiedererkennung/Repräsentanz
- veraltete Vorstellungen, nicht mit der Zeit gegangen zu sein
- die Unternehmenskommunikation wird falsch aufgefasst
- das Corporate Design (Logo) entspricht nicht dem Selbstverständnis des Unternehmens, fehlende Markenidentität
- Corporate Identity und Corporate Image liegen weit auseinander

Auf Kieser trifft klar die falsch aufgefasste Unternehmenskommunikation zu. So ist der Eindruck der Menschen von Kieser, dass es ein Training für Alte und Kranke ist. Die Kommunikation muss über das Marketing neu implementiert werden, da Kieser Menschen ab 30 bis 55 ansprechen möchte.

Auch das Corporate Design ist bei Kieser ein Grund zur Veränderung. Die gelbe Farbe im Logo wurde mit einem Discounter assoziiert, was nicht dem Selbstverständnis des Unternehmens von einem Angebot mit hochwertiger Qualität entspricht. Mit der fehlenden Markenidentität einhergehend ist die fehlende Wiedererkennung und Repräsentanz des Unternehmens!

Ein weiterer Punkt, der für die Veränderung der Corporate Identity bei Kieser spricht, ist der Zeitgeist. Ein Unternehmen, das es schon so lange wie Kieser gibt, muss sich mit der Zeit verändern, da sich auch die Menschheit mit der Zeit verändert.

Der vierte Grund hängt mit allen drei vorherigen Punkten zusammen: Die Corporate Identity und das Corporate Image von Kieser liegen zu weit auseinander. So ist das Verständnis des Unternehmens nach innen ein anderes als nach außen. Dies hängt mit dem Zeitgeist, der Kommunikation und dem Design zusammen. Kieser möchte Menschen ab 30 ansprechen, nach außen hin herrscht die Vorstellung, Kieser sei für alte Menschen. Ein Imagewechsel war also dringend erforderlich.

3.1.3

Anmerkung der Redaktion: Die Abbildung wurde aus urheberrechtlichen Gründen entfernt.

Abb. 1: Neues Logo und neue Verpackung (Schobelt, 2017)

Der Coca-Cola-Konzern hat im letzten Jahr seine Marke Fante überarbeitet. Das Corporate Design wurde verändert bzw. ein Markenrelaunch betrieben. So wurde neben dem Logo auch das Verpackungsdesign verändert. Aus der Slash-Bottle wurde die Twisted-Bottle, die eine besonders auffällige und verrückte Form hat. Neben dem Design wurde auch der Inhalt verändert. Fanta kam „im März mit neuer Rezeptur und weniger Zucker auf den Markt" (Schobelt, 2017). Diese neue Aufmachung der Limo soll über eine Kampagne vermarktet werden. Fanta will sich damit klarer positionieren und seinem Namen Fanta, der von Fantasie abgeleitet wird, gerecht werden. Mit der neuen Aufmachung will Fanta ein freies und verrücktes Lebensgefühl vermitteln, das vor allem die jüngere Zielgruppe verstärkt anspricht.

Anmerkung der Redaktion: Die Abbildung wurde aus urheberrechtlichen Gründen entfernt.

Abb. 2: Die Marke Commerzbank (Commerzbank Aktiengesellschaft, Zugriff am 30.01.2018a)

Neben Fanta hat sich auch die Commerzbank hinsichtlich ihrer Corporate Identity verändert. Seit ihrer Gründung 1870 hat sie „ihre Marke im Laufe der Zeit mehrfach angepasst" und weist nun ein gelbes, dreidimensionales Logo auf, das für „Fairness und Kompetenz" stehen soll (Commerzbank Aktiengesellschaft, Zugriff am 30.01.2018b). 2009 wurden die Commerzbank und die Dresdner Bank zusammengeführt und es entstand die neue Commerzbank und damit auch ein neues Markenzeichen. Der Name Commerzbank bekam einen neuen Schrifttyp, die Bildmarke wurde wie oben beschrieben verändert und dazu kam der neue Slogan „Gemeinsam mehr erreichen". Der Slogan und das gelbe Band der Bildmarke sollen „Zeichen des Zusammenwachsens" der beiden Banken zur neuen Commerzbank sein und die „partnerschaftliche Verbundenheit von Mitarbeitern, Kunden und Geschäftspartnern" symbolisieren (Commerzbank Aktiengesellschaft, Zugriff am 30.01.2018c).

Anmerkung der Redaktion: Die Abbildung wurde aus urheberrechtlichen Gründen entfernt.

Abb. 3: PayPal Logo – vorher und nachher (Schaffrinna, 2014)

Ein weiteres Beispiel für eine Markenänderung ist PayPal, das nun erstmals seit 2007 eine Veränderung vornahm. Die Formen des Logos wurden vereinfacht und intensivere Farben verwendet. Mit der Markenänderung wurde gleichzeitig eine neue weltweite Markenkampagne vorgestellt. Die Markenänderung steht für die Innovation, die Paypal vornimmt, dass der Kunde in der Zukunft mit jedem Gerät zahlen kann. Das neue Logo wirkt dynamischer und soll damit die Weiterentwicklung des Unternehmens ausdrücken. Mit dem neuen Slogan „People Rule" will PayPal verdeutlichen, dass es den Menschen und seine Bedürfnisse in den Mittelpunkt stellt (Schaffrinna, 2014).

Anmerkung der Redaktion: Die Abbildung wurde aus urheberrechtlichen Gründen entfernt.

Abb. 4: Ebay Logo (Schaffrinna, 2012)

Auch eBay hat sein Logo zum ersten Mal seit seiner Gründung verändert. Die Buchstaben, die sich vorher überlappten und unterschiedlich angeordnet waren, sind nun sauber geordnet auf einer Linie. Das Logo wirkt nun weniger spielerisch und erwachsener. eBay möchte damit seine Ernsthaftigkeit und Weiterentwicklung zu einem professionellen und seriösen Anbieter verdeutlichen. „Die meisten Produkte, die heute über eBay verkauft würden, seien neue Festpreis-Artikel" (Schaffrinna, 2012), keine Auktionen mehr.

3.2 Marktrategien

3.2.1

Kieser Training verwendet die Produktspezialisierung, um den Markt zu bearbeiten. Dies bedeutet, „dass ein Unternehmen ein bestimmtes Produkt für mehrere Kundengruppen vermarktet" (Plünnecke & Schlaffke, 2017, S. 46). Durch das Kieser Training sollen mehrere Segmente bzw. Kunden angesprochen, sowohl Junge und Alte als auch Kranke und Gesunde. Der Markt wird nicht vollständig, sondern nur teilweise abgedeckt, da Kieser mit seinem einfachen aber effizienten Training nicht alle Vorstellungen der Fitnesskunden erfüllen kann. Neben der Produktspezialisierung kann Kieser ebenfalls der Segmentkonzentation bzw. der Nischenspezialisierung zugeordnet werden. Kieser spricht mit seinem einfachen, aber effektiven Training ein ganz bestimmtes Marktsegment an und bearbeitet dieses.

Als Wettbewerbsstrategie verwendet Kieser Training die Differenzierungsstrategie. Kieser strebt den USP (Unique Selling Propostion) an und möchte sich so von anderen Studios abheben. Dies macht folgender Satz in Interview 1 (Panzeri, 2014) deutlich: „Es gibt Leute, die sagen: ,Ich gehe nie in einen Fitnessclub. Ich gehe zu Kieser. ‘ " (S. 8-9). Darüber hinaus spricht Kieser Training eine ganz bestimmte Klientel an, platziert sich damit bewusst in einer Marktnische und strebt innerhalb dieser die Kostenführerschaft an (Nischenstrategie).

3.2.2

Kieser verwendet die Marktentwicklung. Es sollen neue Marktsegmente bzw. Abnehmergruppen erschlossen werden, das Produkt als solches bleibt gleich. So möchte Kieser die Zielgruppe 30-55 Jahren ansprechen, nicht nur Alte und Kranke. Des Weiteren möchte Kieser expandieren und neue geografische Märkte bearbeiten.

Als zweite Strategie ist die Marktdurchdringung zu nennen. So verstärkt Kieser die Werbung bzw. das Marketing neben den Print- und Online-Medien um die Sozialen Medien (Panzeri, 2014, S.9). Damit sollen neue Kunden gewonnen werden, die Kieser trotz gleicher Merkmale wie die aktuelle Kunden nicht nutzen.

Im geringen Ausmaß ist auch die Produktentwicklung zu nennen, da Kieser in die Entwicklung investiert und drei neue Maschinentypen entwickelt hat. So will Kieser mit seinem Gerät für Sprunggelenk und Beckenboden die Inkontinenz der Männer als Erster weltweit lösen (Panzeri, 2014, S. 8-9) und sich damit ein Alleinstellungsmerkmal sichern.

4 Digitalisierung in der Fitness- und Gesundheitsbranche

Trotz des demographischen Wandels weist der Bezirk Friedrichshain-Kreuzberg das geringste Durchschnittsalter aller Bezirke Berlins auf und bietet ein reichhaltiges Nacht- und Kulturleben (Bezirksamt Friedrichshain-Kreuzberg von Berlin, Zugriff am 02.02.2018). Dementsprechend gilt es, neben den Älteren besonders junge Menschen anzusprechen. Um das Unternehmen nun zukunftsfähig zu gestalten, sollten neben dem Kraft- und Ausdauerbereich ein Functional-Trainingsbereich eingerichtet werden, da Functional-Training zurzeit im Trend liegt und besonders junge Menschen anspricht. Das klassische Kraft- und Ausdauertraining könnte dahingegen modernisiert werden, dass an jedem Ausdauer- und Kraftgerät mithilfe eines Chips der individuelle Trainingsplan erscheint und das Gerät auf diesen abgestimmt wird, sodass es nicht mehr per Hand eingestellt werden muss. Nach einem bestimmten Zeitraum bzw. nach einer bestimmten Anzahl an Trainingseinheiten wird dann der Trainingsplan automatisch an die höhere Leistungsfähigkeit angepasst, sodass die Leistung nicht stagniert und der Kunde seine Ziele auch erreicht. Darüber hinaus könnte eine Lounge eingerichtet werden, in der man sowohl vor als auch nach dem Training entspannen, einen Kaffee trinken und in den sozialen Netzwerken aktiv sein kann. Dies entspricht sowohl den Wünschen der Jüngeren als auch denen der Älteren. Um sich der zunehmenden Digitalisierung anzupassen, sollte an jedem Ausdauergerät ein Computerbildschirm mit TV-Verbindung, Netflix etc. angebracht werden. Hierbei sind die Einfachheit der Bedienung und die unterstützende Funktion des Personals insbesondere für die älteren Menschen wichtig. Um auch den Kursbereich innovativ zu gestalten, könnten Cyberkurse eingerichtet werden, damit ein reichhaltiges Kursangebot zur Verfügung gestellt werden kann.

Risiken, die durch die Umgestaltung entstehen könnten sind zum einen technische Herausforderungen. Wenn es im System mal zu Störungen kommt, sind alle Geräte nicht mehr einzustellen. Um dies zu verhindern, ist es sinnvoll, dass alle Geräte ständig kontrolliert werden und ein Techniker bei Ausfall sofort zur Stelle ist. Zum anderen kann ein Risiko sein, dass die bisherigen Kunden mit den Veränderungen nicht zufrieden sind, da sie die ganze Technik vorher auch nicht gebraucht haben und diese sie nun überfordert. Dies betrifft zum Beispiel die älteren Menschen und kann damit langjährige und treue Mitglieder treffen. Um dies zu verhindern, ist es wichtig, mit diesen Mitgliedern zu kommunizieren und sie behutsam auf die Innovationen einzustellen, um sie so von den Vorteilen zu überzeugen. Damit einhergehend sind auch die Trainerkompetenzen. Ein Risiko kann die fehlende Qualifikation der Mitarbeiter bezüglich der digitalisierten Geräte sein. Um dem entgegenzuwirken, sind frühzeitige Schulungen unverzichtbar. Ein viertes Risiko ist der Mitgliedsbeitrag. Dieser wird als zu hoch kritisiert und wird nun durch die Umgestaltungen weiter steigen. Hier ist es wichtig, die Qualität der Veränderung in den Fokus zu rücken, um das Preis-Leistungs-Verhältnis begründen zu können.

5 Literaturverzeichnis

Bezirksamt Friedrichshain-Kreuzberg von Berlin. Über den Bezirk. Zahlen und Fakten. Zugriff am 02.02.2018. Verfügbar unter https://www.berlin.de/ba-friedrichshain-kreuzberg/ueber-den-bezirk/zahlen-und-fakten/

Commerzbank Aktiengesellschaft. Die Marke Commerzbank. Markenauftritt: Eine starke Bank braucht eine starke Marke. Zugriff am 30.01.2018. Verfügbar unter https://www.commerzbank.com/de/hauptnavigation/konzern/die_marke_commerzbank/markenauftritt/Markenauftritt.html

Commerzbank Aktiengesellschaft. Die Marke Commerzbank. Markengeschichte. Zugriff am 30.01.2018. Verfügbar unter https://www.commerzbank.com/de/hauptnavigation/konzern/die_marke_commerzbank/markengeschichte/Markengeschichte.html

Commerzbank Aktiengesellschaft. Merkurflügel, „Quatre vents" und gelbes Band. Commerzbank Logos gestern und heute. Zugriff am 30.01.2018. Verfügbar unter https://www.commerzbank.com/media/de/konzern_1/geschichte/download_8/CB_Logos_2009_11.pdf

Ehrensperger, S. (2017). Nicht ohne meine Fitness-App! Zugriff am 21.01.2018. Verfügbar unter http://www.20min.ch/fitness/sportstyle/story/Nicht-ohne-meine-Fitness-App--23682561

Gratzke, E. (2015). Gesundheitsbezogenes Self-Tracking mit Smart Devices. Hintergründe und Praxisbeispiele. München: GRIN Verlag.

Hansen, M. (2015). Zukunft von Datenschutz und Privatsphäre in einer mobilen Welt. *Datenschutz und Datensicherheit – DuD, 39* (7), 435-439.

Panzeri, A. (2014). Mit Köpfchen. *werbewoche* (05). TOP2 8-9.

Plünnecke, A., Schlaffke, W. (2017). *Studienbrief Marketing 2*. Saarbrücken: Deutsche Hochschule für Prävention und Gesundheitsmanagement.

Schaffrinna, A. (2012). eBay erhält ein neues Logo. Zugriff am 31.01.2018. Verfügbar unter https://www.designtagebuch.de/ebay-erhaelt-ein-neues-logo/

Schaffrinna, A. (2014). PayPal bekommt neues Logo und lanciert erstmals globale Markenkampagne. Zugriff am 30.01.2018. Verfügbar unter https://www.designtage-buch.de/paypal-bekommt-neues-logo-und-lanciert-erstmals-globale-markenkam-pagne/

Schobelt, F. (2017). *Markenrelaunch. Neues Logo und neues Design für Fanta*. München: Verlag Werben und Verkaufen GmbH. Zugriff am 29.01.2018. Verfügbar unter https://www.wuv.de/marketing/neues_logo_und_neues_design_fuer_fanta

Zeitel-Bank, N., Bösl, V. (2016). *Gesundheitskommunikation durch Fitnessapps*. Wien: Forschungsforum der österreichischen Fachhochschulen.

6 Abbildungs- und Tabellenverzeichnis

6.1 Abbildungsverzeichnis

6.2 Tabellenverzeichnis

BEI GRIN MACHT SICH IHR WISSEN BEZAHLT

- Wir veröffentlichen Ihre Hausarbeit,
  Bachelor- und Masterarbeit

- Ihr eigenes eBook und Buch -
  weltweit in allen wichtigen Shops

- Verdienen Sie an jedem Verkauf

Jetzt bei www.GRIN.com hochladen
und kostenlos publizieren